So wird es gemacht:

Öffne das miniLÜK®-Kontrollgerät und lege die Plättchen in den unbedruckten Deckel. Jetzt kannst du auf den Plättchen und auf dem Geräteboden die Zahlen 1 bis 12 sehen.

Öffne es von der Rückseite. Wenn du das bei der Übungsreihe abgebildete Lösungsmuster siehst, hast du alle Aufgaben richtig gelöst.

Beispiel: Seite 2 „Wie viel Uhr ist es?"

Nimm Plättchen 1 und sieh dir die erste Uhr an. Die Lösung ist ‚17 Uhr' mit der Zahl 3. Die 3 ist auch die Feldzahl, auf die du das Plättchen im Kontrollgerät legen musst. Lege also das Plättchen 1 auf das Feld 3 im Geräteboden. Die Zahl 1 muss nach oben zeigen. So arbeitest du weiter, bis alle Plättchen im Geräteboden liegen. Schließe dann das Gerät und drehe es um.

Passen einige Plättchen nicht in das Muster, dann hast du dort Fehler gemacht. Drehe diese Plättchen da, wo sie liegen, um, schließe das Gerät, drehe es um und öffne es wieder.

Jetzt kannst du sehen, welche Aufgaben du falsch gelöst hast. Nimm diese Plättchen heraus und suche die richtigen Ergebnisse. Kontrolliere dann noch einmal. Stimmt jetzt das Muster?

Das System ist für alle Übungen gleich: Die roten Aufgabennummern im Heft entsprechen immer den miniLÜK-Plättchen aus dem Kontrollgerät. Die Zahlen hinter den Lösungen sagen dir, auf welche Felder des Kontrollgerätes du die Plättchen legen musst.

Und nun viel Spaß!

2 Wie viel Uhr ist es?

1 5 Uhr oder …

2 7 Uhr oder …

3 9 Uhr oder …

4 12 Uhr oder …

5 2 Uhr oder …

6 10 Uhr oder …

7 1 Uhr oder …

8 3 Uhr oder …

9 11 Uhr oder …

10 4 Uhr oder …

11 6 Uhr oder …

12 8 Uhr oder …

24 Uhr 4
22 Uhr 2
20 Uhr 8
15 Uhr 7

17 Uhr 3
19 Uhr 1
14 Uhr 12
16 Uhr 9

13 Uhr 10
23 Uhr 5
18 Uhr 11
21 Uhr 6

3

Wie viele Minuten sind seit 7 Uhr vergangen?

12 Minuten 10
3 Minuten 11
35 Minuten 4
43 Minuten 12

10 Minuten 7
20 Minuten 5
41 Minuten 9
29 Minuten 6

28 Minuten 8
37 Minuten 3
55 Minuten 2
59 Minuten 1

4 Ordne richtig zu!

1

2

3

4

5

6

7

8

9

10

11

12

9.13 Uhr 7	9.17 Uhr 1	3.02 Uhr 4
10.25 Uhr 5	10.35 Uhr 3	8.59 Uhr 8
8.57 Uhr 2	1.21 Uhr 6	5.47 Uhr 12
3.26 Uhr 11	6.47 Uhr 10	2.58 Uhr 9

5 Welche Uhren zeigen dieselbe Zeit?

Auf welcher Uhr ist es ...

1 ... Viertel nach sechs?

2 ... drei Viertel vier?

3 ... Viertel vor sieben?

4 ... Viertel nach vier?

5 ... drei Viertel sechs?

6 ... Viertel nach sieben?

7 ... drei Viertel zwölf?

8 ... Viertel nach zwei?

9 ... Viertel vor drei?

10 ... drei Viertel zwei?

11 ... Viertel nach zwölf?

12 ... drei Viertel eins?

7 Auf welchen Uhren findest du dieselbe Zeit?

8

Wie viel Uhr ist es?

Tipp: Lass dich durch den Sekundenzeiger nicht verwirren!

1

2

3

4

5

6

7

8

9

10

11

12

8 nach 6 **2**
17 vor 12 **4**
5 nach 10 **7**
5 nach halb 10 **12**

8 vor halb 7 **8**
6 vor 8 **5**
drei viertel 10 **1**
12 nach 12 **3**

8 vor 6 **9**
5 vor halb 10 **10**
10 nach halb 11 **6**
10 vor halb 11 **11**

Wie spät ist es?

Sonne und Mond zeigen dir,
ob es Tag oder Nacht ist!

1

3.25 Uhr 3
15.25 Uhr 12

2

12.40 Uhr 4
0.40 Uhr 3

3

4.12 Uhr 7
16.12 Uhr 11

4

2.30 Uhr 10
14.30 Uhr 11

5

11.45 Uhr 6
23.45 Uhr 1

6

1.22 Uhr 4
13.22 Uhr 2

7

9.18 Uhr 5
21.18 Uhr 2

8

22.50 Uhr 10
10.50 Uhr 9

9

15.35 Uhr 6
3.35 Uhr 8

10

14.24 Uhr 10
2.24 Uhr 6

11

12.27 Uhr 2
0.27 Uhr 10

12

10.05 Uhr 1
22.05 Uhr 10

10 Suche die passende Uhr!

Auf welcher Uhr ist es genau zwölf Stunden später als auf Nellys Uhr? Nellys Uhr ist übrigens pink.

7

10
9:27
19:27
7:27
12

8

8
1:11
12:11
0:11
7

9

4
5:08
17:09
5:09
10

10

11
16:51
4:51
14:51
8

11

4
22:24
10:24
21:24
8

12

5
9:48
19:48
07:48
8

Richtig oder falsch?

1 Der Februar hat weniger Tage als der April.
richtig 7 falsch 4

2 Juli und August haben gleich viele Tage.
richtig 5 falsch 8

3 Der März hat weniger Tage als der Dezember.
richtig 1 falsch 10

4 Der Januar hat mehr Tage als der September.
richtig 2 falsch 8

5 Oktober und Mai haben gleich viele Tage.
richtig 4 falsch 11

6 Der Juni hat mehr Tage als der November.
richtig 9 falsch 12

7 Jn einem Schaltjahr hat der Feb. mehr Tage als der Juni.
richtig 6 falsch 8

8 Der Mai hat mehr Tage als Februar.
richtig 11 falsch 3

9 Der Dezember hat weniger Tage als der Januar.
richtig 1 falsch 9

10 August und März haben gleich viele Tage.
richtig 1 falsch 6

11 Der November hat mehr Tage als der April.
richtig 6 falsch 3

12 Der Juli hat weniger Tage als der März
richtig 4 falsch 6

Wo steht das Gleiche?

1 9.3.2016
2 14. Februar 2016
3 7.5.2016
4 3. Januar 2016
5 1. April 2016
6 31.8.2016

7 24.12.2016
8 3. Juli 2016
9 9.10.2016
10 7.6.2016
11 1. September 2016
12 24.11.2016

3.1.2016 8
24. November 2016 12
24. Dezember 2016 2
14.2.2016 11
9. März 2016 1
1.4.2016 4

9. Oktober 2016 9
1.9.2016 3
31. August 2016 6
3.7.2016 5
7. Juni 2016 7
7. Mai 2016 10

14

Jmmer zwei gehören zusammen!

Genaue Zeitangaben		Ungenaue Zeitangaben	
1	am 2. 8.	Anfang Februar	9
2	am 12. 11.	Mitte Februar	4
3	am 15. 3.	Mitte März	2
4	am 26. 5.	Mitte April	11
5	am 13. 5.	Mitte Mai	8
6	am 18. 2.	Ende Mai	6
7	am 28. 11.	Anfang Juli	7
8	am 4. 2.	Anfang August	5
9	am 25. 9.	Ende September	1
10	am 17. 4.	Ende Oktober	10
11	am 5. 7.	Mitte November	3
12	am 27. 10	Ende November	12

Ein Quiz für kluge Köpfe!

1 Wie viele Wochen hat ein Jahr?

2 Wie viele Tage hat der kürzeste Monat, wenn kein Schaltjahr ist?

3 Wie viele Jahreszeiten gibt es?

4 Wie viele Tage hat ein Jahr, wenn es kein Schaltjahr ist?

5 Wie viele Monate haben weniger als 31 Tage?

6 Wie viele Monate des Jahres sind am 1. Oktober schon vergangen?

7 Wie viele Tage hat der April in einem Schaltjahr?

8 Wie viele Tage hat der kürzeste Monat in einem Schaltjahr?

9 Wie viele Tage hat ein Schaltjahr?

10 Wie viele Monate hat ein Jahr?

11 Wie viele Monate haben 31 Tage?

12 2012 war ein Schaltjahr. Wann ist das nächste?

4	2
5	8
7	7
9	6
12	3
28	5
29	11
30	4
52	9
365	10
366	1
2016	12

Stimmt der Wochentag?

Auf Seite 25 dieses Heftes findest du einen Kalender, der dir bei der Lösung der Aufgaben hilft.

1 Montag, der 9. März
richtig 10 falsch 11

2 Samstag, der 21. März
richtig 1 falsch 12

3 Sonntag, der 28. März
richtig 4 falsch 6

4 Dienstag, der 5. März
richtig 5 falsch 9

5 Mittwoch, der 11. März
richtig 12 falsch 2

6 Freitag, der 26. März
richtig 7 falsch 2

7 Donnerstag, der 16. Januar
richtig 3 falsch 8

8 Montag, der 20. April
richtig 7 falsch 11

9 Sonntag, der 16. Mai
richtig 8 falsch 5

10 Mittwoch, der 10. Juni
richtig 4 falsch 11

11 Samstag, der 28. Februar
richtig 8 falsch 11

12 Freitag, der 30. Juni
richtig 2 falsch 8

Besondere Tage!

Der Kalender auf Seite 25 hilft dir herauszufinden, was für Tage das sind.

1	1. Januar	Ostermontag	8
2	17. April	Neujahr	1
3	7. Juni	Silvester	4
4	20. April	Himmelfahrt	7
5	31. Dezember	Karfreitag	11
6	6. Dezember	Pfingstsonntag	10
7	1. Mai	Ostersonntag	12
8	8. Juni	Nikolaus	6
9	29. November	Pfingstmontag	5
10	28. Mai	Heiligabend	3
11	24. Dezember	Tag der Arbeit	2
12	19. April	1. Advent	9

18

Detektiv Spürhund sucht den Täter!

Am 22. April wurde um 20 Uhr im Supermarkt eingebrochen. Haben diese zwölf Gauner Alibis? Der Kalender auf Seite 25 hilft dir beim Überprüfen.

BSPERRUNG POLIZEIABSPERRUNG POLIZEIABSPERRUNG POLIZE

1 Ede war vom 21. bis zum 25. April im Krankenhaus.
Alibi 3 kein Alibi 5

2 Benno ist am Dienstagabend immer in seiner Stammkneipe.
Alibi 7 kein Alibi 1

3 Max war den ganzen Monat Mai in Jtalien.
Alibi 10 kein Alibi 6

4 Anton ist jeden Mittwochabend von 18 bis 21 Uhr in seinem Sportclub.
Alibi 4 kein Alibi 11

5 Moritz war in der Woche vor Ostern jeden Abend von 19 bis 21 Uhr bei seiner kranken Großmutter.
Alibi 2 kein Alibi 12

6 Schlupo verbringt jedes Jahr den ganzen Frühling in Frankreich.
Alibi 8 kein Alibi 3

7 Bingos Schiffsreise hat am 19. April begonnen und fünf Tage gedauert.
Alibi 10 kein Alibi 9

8 Dago hat sich am 20. April beide Beine gebrochen.
Alibi 7 kein Alibi 2

9 Witzi war jeden Donnerstag im März morgens bis nachts bei seiner kranken Tante.
Alibi 5 kein Alibi 11

10 Anatol war Anfang April acht Tage im Gefängnis.
Alibi 2 kein Alibi 9

11 Putzo hatte in der Woche nach Ostern jede Nacht ab 21 Uhr Nachtdienst.
Alibi 2 kein Alibi 5

12 Schurko hat die zweite Aprilhälfte als Schiffskoch auf einem Frachtschiff verbracht.
Alibi 2 kein Alibi 11

Kommissar Wachsam notiert Edes Aussagen.

Verwende den Kalender auf Seite 25!

Ede sagt:

1 „An Neujahr war ich daheim."

2 „Am Pfingstmontag habe ich im Gasthaus zur Post den ganzen Tag Karten gespielt."

3 „Am Karfreitag war ich im Krankenhaus."

4 „Am Pfingstsonntag habe ich mit Grippe im Bett gelegen."

5 „Am 1. Advent war ich beim Kegeln.

6 „Am Ostermontag war ich in Jtalien."

7 „An Heiligabend habe ich meine Oma besucht."

8 „Am Tag der Arbeit habe ich zu Hause gefaulenzt."

9 „Am Ostersonntag habe ich bei einem Radrennen mitgemacht."

10 „Am Tag der Einheit hatte ich meine erste Reitstunde."

11 „Am zweiten Weihnachtsfeiertag war meine Tante bei mir zu Besuch."

12 „An Silvester war ich im Kino."

Der Kommissar schaut auf den Kalender und schreibt:

Am 1. 1. 10	Am 17. 4. 11	Am 19. 4. 6
Am 20. 4. 1	Am 1. 5. 2	Am 7. 6. 9
Am 8. 6. 8	Am 3. 10 4	Am 29. 11. 5
Am 24. 12. 3	Am 26. 12. 12	Am 31. 12. 7

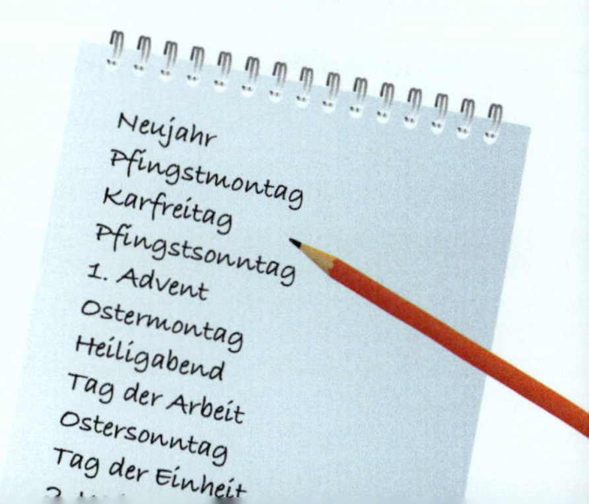

20

Andrea war fünf Tage bei ihrer Oma.

An welchem Tag ist sie zurückgekommen?
Abfahrts- und Ankunftstag zählen mit.

Abfahrt zur Oma am

1	1. August	7	21. August
2	10. August	8	3. August
3	23. August	9	9. August
4	14. August	10	24. August
5	7. August	11	15. August
6	19. August	12	26. August

Michaels Klavierstunde.

Für diese Übung brauchst du den Kalender auf Seite 25.
Jeden Dienstag hat Michael Klavierstunde.
Wie oft ist das in den einzelnen Monaten?

1 Mai?
Fünfmal 2 Viermal 7

2 Januar?
Viermal 11 Dreimal 4

3 Juli?
Viermal 4 Fünfmal 8

4 November?
Fünfmal 2 Viermal 8

5 September?
Viermal 1 Fünfmal 10

6 Februar?
Viermal 12 Fünfmal 3

7 Juni?
Viermal 5 Fünfmal 2

8 März?
Viermal 6 Fünfmal 5

9 Dezember?
Viermal 1 Fünfmal 3

10 Oktober?
Viermal 1 Fünfmal 9

11 April?
Viermal 9 Fünfmal 6

12 August?
Fünfmal 11 Viermal 6

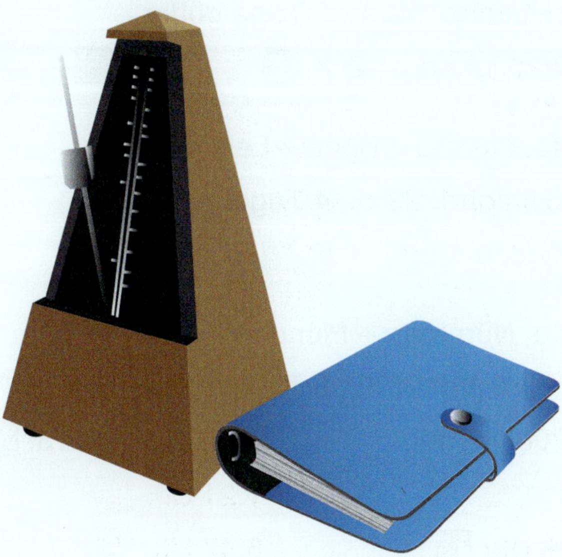

22 Theresa fährt mit der Eisenbahn.

Suche auf dem Kalender, den du auf Seite 25 findest, den letzten Tag, an dem Theresa wieder nach Hause fahren kann!

1 Fahrkarte: Müchen – Miesbach – München

Tag der Hinfahrt: 8.2., 3 Tage gültig

letzter Rückfahrtag: 10.2. 12 11.2. 1

2 Fahrkarte: Dortmund – Hamburg – Dortmund

Tag der Hinfahrt: 18.4., 4 Tage gültig

letzter Rückfahrtag: 20.4. 3 21.4. 8

3 Fahrkarte: Berlin – Dresden – Berlin

Tag der Hinfahrt: 21.6., 3 Tage gültig

letzter Rückfahrtag: 23.6. 3 24.6. 5

4 Fahrkarte: Köln – Bremen – Köln

Tag der Hinfahrt: 2.5., 4 Tage gültig

letzter Rückfahrtag: 5.5. 11 6.5. 7

5 Fahrkarte: Düsseldorf – Stuttgart – Düsseldorf

Tag der Hinfahrt: 30.1., 3 Tage gültig

letzter Rückfahrtag: 2.2. 2 1.2. 9

6 Fahrkarte: Leipzig – Bonn – Leipzig

Tag der Hinfahrt: 29.5., 4 Tage gültig

letzter Rückfahrtag: 1.6. 7 2.6. 4

7 Fahrkarte: Nürnberg – München – Nürnberg

Tag der Hinfahrt: 28.2., 3 Tage gültig

letzter Rückfahrtag: 1.3. 5 2.3. 10

8 Fahrkarte: Würzburg – Saarbrücken – Würzburg
Tag der Hinfahrt: 28.6., 3 Tage gültig
letzter Rückfahrtag: 1.7. 1 30.6. 2

9 Fahrkarte: Darmstadt – Hannover – Darmstadt
Tag der Hinfahrt: 13.2., 3 Tage gültig
letzter Rückfahrtag: 15.2. 4 16.2. 6

10 Fahrkarte: Langhagen – Mainz – Langhagen
Tag der Hinfahrt: 30.3., 4 Tage gültig
letzter Rückfahrtag: 3.4. 1 2.4. 6

11 Fahrkarte: Münster – Koblenz – Münster
Tag der Hinfahrt: 29.4., 3 Tage gültig
letzter Rückfahrtag: 2.5. 6 1.5. 10

12 Fahrkarte: München – Mittenwald – München
Tag der Hinfahrt: 31.1., 3 Tage gültig
letzter Rückfahrtag: 2.2. 1 3.2. 4

Bastelausstellung in der Schule.

Die Bastelausstellung in Jasmins Schule dauert fünf Tage.
Was für ein Wochentag ist der letzte Tag?
Der Kalender auf Seite 25 hilft dir, das herauszufinden.

	1. Tag	**letzter Tag**	
1	15. 10.	Montag	8
2	28. 7.	Dienstag	11
3	27. 9.	Mittwoch	4
4	30. 11.	Donnerstag	10
5	29. 8.	Freitag	7
6	30. 10	Samstag	12
7	26. 2.	Sonntag	1

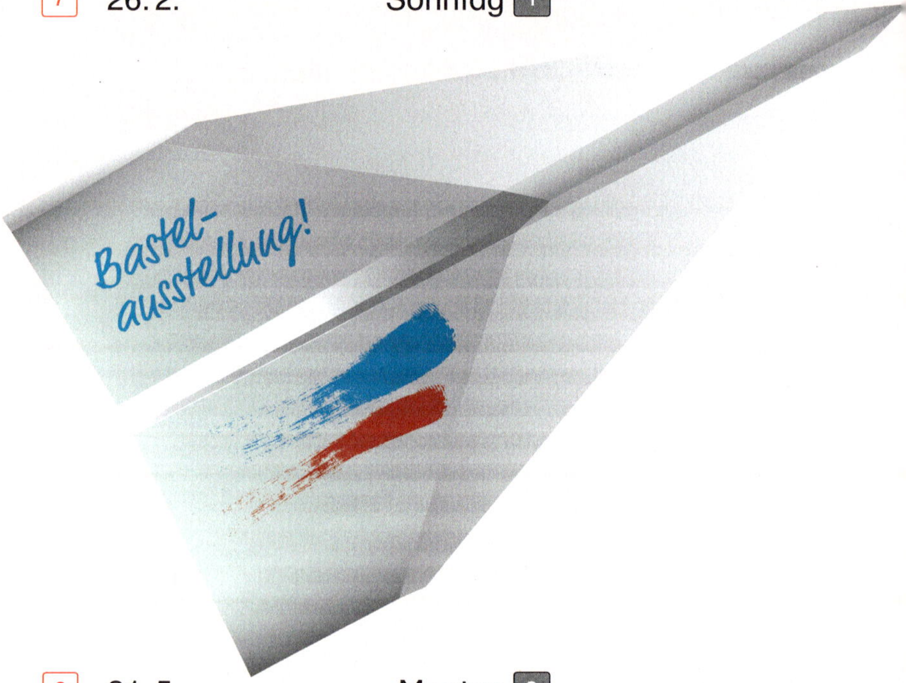

8	31. 5.	Montag	9
9	23. 4.	Dienstag	2
10	31. 1.	Mittwoch	3
11	28. 3.	Donnerstag	6
12	25. 2.	Samstag	5